www.tredition.de

AF197905

Christian Beil

El Sueño Andaluz
- der andalusische
Traum

Auswandern mit Pferd und Hund

www.tredition.de

© 2016 Christian Beil

Verlag: tredition GmbH, Hamburg

ISBN
Paperback: 978-3-7345-1174-5
Hardcover: 978-3-7345-1175-2
e-Book: 978-3-7345-1176-9

Printed in Germany

Auswandern mit Pferd und Hund

Christian Beil

INHALT:

Kapitel 1

Wie alles Begann

Meine Geschichte, oder ich nenne es von Beginn an besser „mein Traum", beginnt in einem kleinen Dorf in Andalusien.

Im Jahre 1998, Ende April, war meine Hochzeitsreise geplant. Meine damalige Frau und ich, beides begeisterte Reiter, hatten uns für dieses Ereignis einen Urlaub auf einer Hacienda mit großzügiger Reitanlage im Herzen Andalusiens ausgesucht. Spanien kannte ich bis zu dem Zeitpunkt noch überhaupt nicht. Es war mir nur aus dem Fernsehen und aus Erzählungen von Freunden ein Begriff und es erschien mir damals nicht als etwas Besonderes. Man bringt das Land Spanien ja meist erst einmal in Verbindung mit Mallorca, Ballermann, Paella und Sangria, - doch glücklicherweise wurde ich recht schnell eines Besseren belehrt.

Morgens um neun Uhr landete ich in Jerez de la Frontera. Die Hauptstadt der Pferde, ganz im Süden Spaniens gelegen, präsentierte sich mit Palmen, strahlend blauem Himmel und sehr angenehmen Temperaturen für diese Jahreszeit. Mir fiel, bereits beim Aussteigen aus dem Flugzeug, als allererstes dieses unglaubliche Licht auf. Der Himmel leuchtete auf eine ganz besondere Art und Weise. Deswegen wird dieser Küstenabschnitt wohl auch die „Costa de la Luz". also die Küste des Lichts, genannt.

Mit dem Mietwagen ging es aus der Stadt hinaus, Richtung Villamartín, meinem Urlaubsort. Mir war die Gegend auf Anhieb äußerst sympathisch. Überall Palmen, Olivenbäume, Zypressen und Sonnenblumen. Auf der Fahrt sah ich zum ersten Mal in meinem Leben diese bezaubernden weißen Dörfer, riesige Haciendas mit Ländereien soweit das Auge reichte. Überall weideten Stiere und Pferde unter freiem Himmel und mit wahnsinnig viel Platz. Ich hatte nicht erwartet, dass diese Gegend so weitläufig ist.

Angekommen in Villamartín, übrigens auch eines der weißen Dörfer der Region, machte ich mich zu allererst daran, mein 200 Hektar großes Urlaubsdomizil zu erkunden. Allein die Auffahrt zu dem Haupthaus verschlug mir den Atem und die gesamte Anlage übertraf meine Erwartungen.

Die Gebäude der Hacienda waren im maurischen Stil erbaut, und fesselten mich vom ersten Moment an. Diese Fassaden, Innenhöfe, Brunnen und verwinkelten Ecken wirkten sehr anziehend und fremdländisch. Der Baustil stammt von den Mauren, die bis vor rund 1200 Jahren große Teile Spaniens besiedelt hatten. Noch heute ist die maurische Vergangenheit sehr präsent. Nicht nur in den Häusern, sondern auch in der andalusischen Küche und der Sprache wird man immer wieder daran erinnert, dass diese Region sehr lange in der Hand dieser faszinierenden Kultur war.

Aber zurück zum Thema - so begann also damals meine Hochzeitsreise bei Sonne und Temperaturen um die 30 Grad auf einer Anlage, die wie aus einem Märchen zu entstammen schien.

Ich lebte mich sehr schnell ein und fand mehr über den Ort heraus wo ich mich befand. Auf der Hacienda wurde, neben der Vermietung von Zimmern an Touristen und die Erteilung von Reitunterricht, extensive Pferdehaltung und Rinderzucht betrieben. Durch das trockene und warme Klima mit nur geringen Temperaturschwankungen, ist eine problemlose, ganzjährige Pferde- und Rinderhaltung im Freien auf riesengroßen Weiden möglich. Kein Vergleich mit der Enge und dem Platzmangel in den meisten deutschen Reit- oder Viehbetrieben. Außergewöhnlich war auch die Zusammenstellung der Herden. Jeweils 10 Stuten standen mit einem Zuchthengst zusammen auf einer 60 Hektar großen Weide und lebten dort in absoluter Freiheit. Diese Art der Haltung stammt aus den USA und ist für die Tiere einfach ideal.

Das Reitprogramm zeigte sich als sehr abwechslungsreich. Neben dem Reitunterricht, der morgens und nachmittags auf dem weitläufigen Reitplatz oder in einem der beiden Roundpen stattfand, hatten die Gäste auf diversen Ausritten die Möglichkeit das 200 Hektar große Gelände der Hacienda zu erkunden. Man ritt durch die eigenen Rinder- und Pferdeherden, über Felder, durch Tore hindurch, und nicht oft hatte man, landschaftlich gesehen, den Eindruck man befinde sich im Südwesten Amerikas, Kalifornien oder gar in Mexiko.

Nach dem Reiten bot die Hacienda einige schöne Plätze, wo man in netter, gleichgesinnter Gesellschaft verweilen konnte. Zum einen lud das große „Chiringuito", eine Art Sommerküche, zum Zusammensitzen und über Pferde referieren ein, oder man kühlte sich, bei den hochsommerlichen Temperaturen, im großen Pool ab.

Neu waren für mich auch die typisch spanischen Essenszeiten auf der Hacienda. Alles Begann einfach viel später als wir es in Deutschland gewohnt sind. Frühstück gab es zum Beispiel erst ab neun Uhr, Mittagessen ab 14 Uhr und das Abendessen erst um 22 Uhr. Verständlich, denn bei den konstant hohen Temperaturen, hat niemand Lust um 18 Uhr zu Abend zu essen, oder gegen 22:00 Uhr, wenn es noch gar nicht richtig dunkel ist, zu Bett zu gehen. Was das Essen anbelangte wurde sehr darauf geachtet, typisch spanische Speisen zu servieren. Und zum Mittag gab es zum Beispiel „Tapas". Lauter verschiedene Kleinigkeiten, alles sehr exquisit und einfallsreich. Zum Abendessen versammelten sich alle Gäste an einem langen Tisch und es wurde zB. Fisch, Lammkeule oder CousCous gereicht.

Ich verbrachte den Urlaub allerdings nicht nur auf der Hacienda. Bei Unternehmungen und Ausflügen lernte ich viele schöne und sehenswerte Ecken kennen, fand Erholung pur und bekam definitiv Lust auf mehr.

Einen Tag verbrachte ich zum Beispiel in Sevilla, der Hauptstadt Andalusiens. Dort fand zu diesem Zeitpunkt die berühmte „Feria" statt. Ein Fest der Pferde, Flamenco, Essen und Getränke. So etwas Buntes, Lautes und Überschwängliches hatte ich noch nie erlebt. Die Tatsache, dass keiner von uns ein Wort

Spanisch sprach, schmälerte dort die gute Stimmung nicht im Geringsten. Essen und Trinken bestellten wir mit Händen und Füßen und freuten uns über die lockere und stressfreie Art der Andalusier. Englisch konnte keiner der Einheimischen, aber mit Freundlichkeit und „Händen und Füßen" kamen wir trotzdem immer weiter.

Nach weiteren Ausflügen an die Küste und zu diversen Sehenswürdigkeiten wurde ich immer nachdenklicher. Ich grübelte über den deutschen Arbeitsstress, den Alltag und überhaupt das ganze Leben zu Hause nach. Im Laufe der Woche fand ich immer mehr Gefallen an der Gegend, den Menschen, dem Essen und dem Wetter. Ein Blitz hatte sozusagen bei mir eingeschlagen. Da kam einem dann schon kurz der Gedanke – ach wäre es nicht schön hier ein Ferienhaus zu besitzen, oder gar ganz hier zu leben? Aber so etwas erschien einem zu dem Zeitpunkt noch als völlig illusorisch.

In dieser Woche konnte ich noch nicht erahnen, was dieser Urlaub alles nach sich ziehen würde. Er sollte mein ganzes Leben verändern.

Es war etwas in mir ausgelöst worden. Auch im Nachhinein, als wir wieder zu Hause ankamen, war es nicht so wie bei etlichen vorherigen Urlauben. Da sagt man ja oft, ok, es war ein toller Urlaub, aber bei unserer nächsten Reise schauen wir uns dann doch noch anderes Fleckchen Erde an.

Nein, ich war infiziert und beschloss als allererstes die Sprache zu lernen. Im Nachbardorf fand ich dann recht schnell eine Spanierin, die mir Privatunterricht gab. Mit ihr bereitete ich mich intensiv auf meinen nächsten Urlaub in Andalusien vor, den ich wenige Wochen später auch schon buchte. Es klappte alles wie am Schnürchen, ich machte Fortschritte in der Sprache und ein Urlaub an der Costa de la Luz jagte den nächsten. Villamartín war meist mein Ausgangspunkt und wurde mir immer vertrauter. Von dort aus erkundete ich die komplette Region von Sevilla bis Tarifa. Sprachlich kam ich erstaunlich gut zurecht und ich saugte diese mir so lieb gewonnene Kultur (den costumbre – wie man hier sagt) auf, wie ein trockener Schwamm.

Ich hatte mich bis über alle Maße hinaus in diesen Landstrich, den Lebensstil und die Bevölkerung verliebt.

Villamartin – das Dorf wo alles begann

Kapitel 2

Die Idee „Auswandern" wurde geboren

Mittlerweile waren 8 Jahre vergangen. Ich war jedes Jahr, wenn es die Umstände erlaubten sogar mehrmals, in Andalusien gewesen. Jerez, bzw. Villamartín war zu meiner zweiten Heimat geworden. Über Ostern 2006 hatte ich wieder einmal mit meiner damaligen Frau einen Urlaub auf der Hacienda in Villamartin gebucht.

Wir waren ja leider durch unsere zwei Hunde und die drei Pferde, die wir in Deutschland in Eigenregie am Haus hielten, immer sehr gebunden, und konnten daher meist nur jeweils für eine Woche in Urlaub fahren. Das war recht unzufrieden stellend, wenn man nach der kurzen Zeit immer wieder viel zu schnell aus dem angenehmen Umfeld herausgerissen wurde.

In diesem Urlaub sollte allerdings etwas Unerwartetes passieren. Die Inhaber der Hacienda sprachen uns an, ob wir Interesse hätten auf der Anlage als Reitlehrer tätig zu werden. Sie würden uns über die Wintersaison, und zwar von September bis Dezember, brauchen.

Ich war natürlich sofort ganz aus dem Häuschen und hellauf begeistert. Meine damalige Frau war etwas verhaltener, aber nicht gänzlich abgeneigt.

Was soll ich sagen, wir entschieden uns natürlich letztendlich dazu das Angebot anzunehmen und unterzeichneten den Arbeitsvertrag für die Wintersaison 2006/2007 noch direkt in diesem Urlaub. Zur Sicherheit für beide Parteien vereinbarten wir eine Probearbeitswoche im Juni, damit wir einmal in die Hacienda-Welt als Angestellte hinein schnuppern konnten. Diese Woche verlief allerdings so gut, dass wir unsere Entscheidung vollauf bestätigt sahen.

Da ich ein begeisterter, und wie mir immer wieder bestätigt wird, auch ein guter Hobbykoch bin, nahm ich zusätzlich zu den Reitlehrer Tätigkeiten noch einen Job in der Küche der Hacienda an. Ich sollte an drei Tagen der Woche das Abendessen für insgesamt 30 Personen, also für die Gäste und die Angestellten, zubereiten.

In Deutschland lief nach der Probewoche nun alles auf Hochtouren um die Abreise im August 2006 vorzubereiten.

Ein kleiner Traum sollte für mich in Erfüllung gehen. Ich erhielt die Möglichkeit in Spanien überwintern zu können. Endlich einmal nicht nach einer Woche Urlaub wieder nach Hause fliegen müssen. Wenn ich daran dachte, dass ich vier Monate dort sein würde, erschien mir das als eine ewig lange Zeit.

Ganz akribisch plante ich die Fahrt nach Andalusien durch. Unsere drei Pferde und die beiden Hunde sollten natürlich für diesen Zeitraum mit uns reisen.

Glücklicherweise verfügten wir über einen Anhänger für die drei Pferde und eine entsprechende Zugmaschine. Das machte das Unterfangen natürlich um einiges einfacher, da wir uns hier um nichts kümmern mussten. Meine Sprachlehrerin vermittelte mir eine Übernachtungsmöglichkeit in Nordspanien, bei Girona. Ich dachte, dass wir so aufgestellt die gesamte Reisestrecke von ca. 2.500km gut hinter uns bringen würden.

Meine Güte, wie konnte ich damals nur so naiv sein und denken, dass für diese Strecke und mit einem 3-er Pferdegespann eine Übernachtung ausreichen würde? Ich kann es fast nicht mehr fassen.

Da ich damals noch kein Navigationssystem besaß und nach Karte fahren musste, hatten wir leider im Vorfeld keinerlei Hilfestellung, so wie heutzutage, mit den Routenvorschlägen des Navis und der Zeitangabe. Leider kannte ich auch niemanden der diese, oder überhaupt so eine lange, Fahrt schon einmal gemacht hätte.

Aber niemand ist perfekt und man lernt ja nie aus. Für mich sollte diese erste Fahrt auf jeden Fall eine große Lehre für die Zukunft sein.

Endlich war es dann soweit. Wir beluden am Vorabend der Abreise das Auto und den Pferdeanhänger mit unseren Sachen und denen unserer Tiere für die nächsten vier Monate. Am 18. August 2006 ging es dann um vier Uhr morgens los.

Um 04:45 Uhr passierten wir die französische Grenze und ließen Deutschland hinter uns zurück. Über Lyon, Orange und Perpignon ging es Richtung spanische Grenze.

Nach 15 stündiger Fahrt kamen wir erschöpft in Figueras, bei Girona, an. Pausen hatten wir sehr wenige und auch nur kurze gemacht, gegessen wurde während der Fahrt, da wir auf keinen Fall das Gespann an einer Raststätte alleine lassen wollten.

Nachdem wir die Pferde in dem angemieteten Stall untergebracht, und mit Heu und Wasser versorgt hatten, bezogen wir die für uns gebuchte Pension. Erschreckt stellten wir fest, dass es in dem winzigen Zimmer noch nicht einmal eine Klimaanlage gab. Und das bei immer noch fast 40 Grad Außentemperatur. Wir waren zu müde um uns nach etwas anderem umzuschauen und dachten es würde schon irgendwie gehen. Nach dem Abendessen gingen wir gegen Mitternacht zu Bett. Draußen wie drinnen war es immer noch unerträglich heiß. Ich war unglaublich aufgedreht von der Fahrt, dazu die Vorfreude auf die kommende Zeit die mich hippelig machte und die Hitze – kurz gesagt, ich fand in dieser Nacht nur zwei Stunden Schlaf. Das war äußerst schlecht für meinen Zustand und die Weiterreise, vor allem da die vorherige Nacht in Deutschland ja auch recht kurz gewesen war.

Aber es musste ja weiter gehen, eine sehr lange Strecke lag noch vor uns. Um sechs Uhr saß ich wieder am Steuer und fuhr Richtung Barcelona. Wenigstens bei den Pferden war alles in perfekter Ordnung, sie hatten viel Heu gefressen und waren sichtlich entspannt.

Ich hatte im Atlas die Strecke über Murcia gewählt. Sie erschien mir die Kürzeste. Was ich nicht wusste war, dass diese Strecke extrem bergig ist. Äußerst schlecht für ein Gespann unseres Ausmaßes. Ich hatte mich mit der Fahrzeit und den gesamten Umständen komplett verschätzt. Die zweite Etappe wurde im Endeffekt zur puren Hölle für uns.

Der wenige Schlaf, die ständige Konzentration mit dem 3,5 Tonnen schweren Anhänger, die Verantwortung für insgesamt 7 Lebewesen und die Außentemperatur von mittlerweile 46 Grad verlangen alles von mir ab.

Das ständige bergauf Fahren mit dem schweren Gespann ließ die Temperaturanzeige des Geländewagens bis zum roten Bereich steigen. Jetzt kam zu ganzen anderen widrigen Umständen noch die Angst dazu, dass mir die Zylinderkopfdichtung platzen könnte. So etwas Zermürbendes hatte ich bisher wahrhaftig noch nicht erlebt. Die Kilometer wollten nicht weniger werden und ich dachte zwischenzeitlich, dass ich nicht weiter durchhalten könnte.

Aber erstaunlicher- und glücklicherweise ging doch im Endeffekt alles gut. Gegen 23 Uhr kamen wir endlich, nach 17 stündiger Fahrt, in Villamartín auf der Hacienda an.

Ich war bis in alle Maßen erschöpft. Trotzdem, oder wahrscheinlich gerade deswegen, fand ich erst im Morgengrauen Schlaf. Mein Körper musste erst einmal herunter fahren. Ich weiß nicht, wie ich diese Fahrt heil überstehen konnte, es war wohl das pure Adrenalin, welches mich gepusht hatte und das Verlangen, endlich diese vier Monate, den kleinen Traum, beginnen zu können!

In den folgenden Tagen begann dann unser „neuer" Alltag. Nachdem ich mich richtig ausgeschlafen hatte ging ich voller Elan an meine neuen Tätigkeiten. Auf der Hacienda, wie in Spanien meist üblich, wird an sechs Tagen der Woche gearbeitet.

Meine Aufgaben, also Reitunterricht geben, Ausritte führen und Kochen, machten mir richtig viel Spaß. Ich merkte auch, dass mir der Umgang mit den Gästen recht gut gelang und ich zu den meisten einen guten Draht fand. Ich habe in diesen vier Monaten jede Menge neue Menschen kennen gelernt und erfreulicherweise haben sich daraus sogar dauerhafte Freundschaften entwickelt.

Auch meine Sprachkenntnisse wurden durch die tägliche Praxis mit den spanischen Angestellten, den Einkäufen im Dorf und anderen Unternehmungen mit Einheimischen immer besser. An den freien Tagen ließen wir die Hacienda meist hinter uns und machten Ausflüge in die umliegenden Städte und Dörfer. Wir fuhren an verschiedene Strände und machten diverse andere Unternehmungen. Viele hatten mit Pferden zu tun, da wir uns ja in einer der pferdereichsten Regionen Spaniens befanden. Im Herbst werden in den verschiedenen Dörfern ständig Feste gefeiert, genannt Ferias und Romerias. Bei den Festen spielen ja auch die Pferde eine große Rolle und sind somit fast allgegenwärtig. Auch findet im November in Sevilla die bekannte Pferdemesse „Sicab" statt. So blieb keine Sehenswürdigkeit und keine Veranstaltung unentdeckt, wir lernten die Gegend immer besser kennen, wussten wo man gut und ausgefallen speisen konnte oder wo Flamenco Vorführungen gezeigt wurden.

In diesen vier Monaten kam natürlich auch das Thema Finca-Kauf wieder ins Gespräch. Da sich unsere finanzielle Situation in den letzten Jahren deutlich verbessert hatte, war der Gedanke mittlerweile durchaus als real anzusehen. Leider war meine damalige Frau nicht wirklich davon überzeugt und suchte immer nach Gegenargumenten, was mich sehr betrübte. Trotz ihrer Ablehnung schauten wir uns einige Immobilien an, und ich konnte den Wunsch einfach nicht los lassen.

Viel zu schnell ging die Zeit auf der Hacienda zu Ende. Die letzten Tage vor der Rückreise hatte ich ein mulmiges Gefühl im Bauch, zu vergleichen mit einem Schüler der Angst vor einer Klassenarbeit hat. Ich wusste, ich muss bald dieses Fleckchen Erde verlassen und ins kalte und oft so graue Deutschland zurück kehren. Vielleicht würde es sogar schneien, ein gräulicher Gedanke! Vorbei mit dem entspannten und angenehmen Leben, trotz nur einem freien Tag in der Woche. Vorbei die milden Temperaturen um die 23 Grad im Dezember. Mein einziger positiver Gedanke war, dass ich nächstes Jahr wieder kommen konnte, denn wir hatten mit den Betreibern erneut einen Vertrag für die nächste Wintersaison vereinbart. So wurde mir die Abreise wenigstens etwas erleichtert.

Damit die Heimreise nicht so ein Desaster wie die Anreise wurde, hatte ich mich während unseres Aufenthaltes um eine weitere Übernachtungsmöglichkeit auf der Strecke gekümmert. Der Zufall wollte, dass Gäste der Hacienda einen Campingplatz mit Apartmenthäusern und Pferdestall in Sagunto, bei Valencia, kannten. Dort reservierte ich direkt ein Apartment für uns. Auch für die zweite Übernachtung im Norden Spaniens fand ich ein besseres Zimmer und so war die Heimfahrt mit zwei annehmbaren Übernachtungen um einiges entspannter als die Hinfahrt. Auch das Wetter spielte mit, ganz ohne Zwischenfälle kamen wir wieder zu Hause an.

Auf diesen Winter 2006/2007 folgte im Endeffekt nicht nur ein, sondern sogar zwei Weitere, die wir auf der Hacienda in der gleichen Konstellation arbeiteten. Viele Gäste kamen auch ein übers andere Jahr wieder und wir empfanden das mittlerweile als eine große Familie. Wir weiteten unsere Unternehmungen aus und fuhren von Villamartin aus sogar bis nach Portugal, auf das Pferdefest in Golega, welches, wie die Sicab in Sevilla, im November stattfindet.

In diesen beiden folgenden Jahren besichtigten wir auch immer wieder diverse Häuser und Fincas die zum Verkauf standen, obwohl meine damalige Frau und ich uns immer noch nicht einig waren ob wir nun eine Finca in Andalusien kaufen sollten oder nicht. Es waren zwar einige interessante Objekte dabei, doch die endgültige Entscheidung fiel nie, da wir keine Übereinstimmung finden konnten.

Es sollte wohl nicht sein, denn im Endeffekt kam alles sowieso ganz anders....

Provinzhauptadt Cadiz

Zahara de la Sierra- eins der pueblos blancos (weißen Dörfer)

Kapitel 3

Die Situation im Land

Die allgemeine Wirtschaftskrise machte Spanien ja besonders zu schaffen. Und Andalusien ist der ärmste Teil des Festlandes. Ich konnte in den letzten Jahren geradezu beobachten wie die Lage immer schlechter wurde. Geschäfte und Restaurants schlossen plötzlich oder reduzierten ihre Öffnungszeiten und vor allem ihr Personal. Die Arbeitslosenquote ist unglaublich hoch und dementsprechend werden die Wenigen, die arbeiten, oft auch ausgebeutet. Es gibt Menschen, die für einen Stundenlohn von weniger als fünf Euro arbeiten. Jeder der eine Anstellung hat muss ständig Angst haben, dass er von jemandem der für noch weniger Geld arbeitet als er, abgelöst wird, oder dass sein Lohn bzw. die Arbeitszeit gekürzt wird. Denn auch das Arbeitsrecht ist in Spanien ganz anders als in Deutschland. Es gibt komplett andere Regelungen im Kündigungsrecht, Lohnfortzahlung bei Krankheit, Schwangerschaft etc.. Heutzutage ist es fast unmöglich eine unbefristete, feste Arbeitsstelle zu finden. Es werden nur noch befristete Verträge ausgesprochen. Ist das Ende der Befristungsmöglichkeit erreicht, wird der Betroffene entlassen um eine Festanstellung zu vermeiden. In drei oder sechs Monaten kann er dann eventuell erneut befristet eingestellt werden. Dies führt natürlich in mehreren Aspekten zu Problemen. Es existiert keine Stabilität im Leben der Betroffenen, man hat kein langfristig geregeltes Einkommen und kann kein Gefühl der Zugehörigkeit zu einem Arbeitgeber entwickeln. Für die Unternehmen ist der ständige Mitarbeiterwechsel natürlich auch nicht ideal. Hauptsächlich in der Baubranche, in Krankenhäusern, Altenpflegeheime und im Einzelhandel wird diese Arbeitspolitik der befristeten Verträge betrieben.

Durch diese Umstände boomt natürlich auch die Schwarzarbeit. Jeder versucht nebenher ein paar Euro zu verdienen, sei es mit Putzen, Gärtnerarbeiten, bei Bauern auf dem Feld oder auf privaten Baustellen.

Umso mehr wundert mich immer, wie freundlich und lebensfroh die Menschen trotz dieser widrigen Umstände sind. Der Focus wird einfach auf andere Werte gelegt, man identifiziert sich nicht über das was man hat und was man erwirtschaftet.

Aber zurück zu meinem Traum. Für mein Vorhaben des Erwerbs einer Immobilie, war die aktuelle Situation natürlich sehr positiv. Die Preise sanken immer mehr und Anwesen, die früher unbezahlbar waren, lagen nun sogar in meinem Budget. Um eine Ferienimmobilie zu erwerben wäre das somit eine perfekte Ausgangssituation.

Doch ich wollte ja unbedingt auf Dauer im Land meiner Träume leben können. Das ließ das Ganze dann gleich wieder anders aussehen. Denn von was sollte ich Leben? Da ich nicht über genug Kapital verfügte um mich in Spanien zur Ruhe setzen zu können, musste ich mir überlegen, mit was ich meinen Lebensunterhalt verdienen könnte. Und da konnte ich Denken und Überlegen wie ich wollte - ich fand keine Lösung.

Und so blauäugig war ich dann doch nicht, mich auf so eine unsichere Zukunft einzulassen.

Viele Freunde und Bekannte hielten mich ja sowieso für verrückt. Was ich in so einem „von der Krise geplagten" Land wie Spanien denn überhaupt wollte. Die ärztliche Versorgung sei doch so katastrophal und der Lebensstandard so niedrig.

Dazu kann ich nur sagen, dass diese Aussage heutzutage überhaupt nicht mehr zutrifft. Natürlich ist Spanien nicht Deutschland und das Sozialsystem und die finanziellen Hilfen sind nicht so umfangreich.

Im Allgemeinen hat aber in Spanien in den letzten Jahren eine rasante Entwicklung stattgefunden. Gerade in das Gesundheitssystem wurde sehr viel investiert. Die Praxen, egal welcher Ärzte, verfügen meist über modernste Geräte und das

Personal über fundiertes Wissen. Auch der Veterinärbereich ist oft viel moderner als das was ich aus Deutschland kenne. Die Tierärzte, die sich auf Pferde spezialisiert haben, verfügen über top ausgestattete mobile Praxen mit modernster Technik. Auch die Hufschmiede sind richtige Profis, wissen über neueste Techniken Bescheid und bilden sich ständig weiter.

Ebenso zeigen sich die Einrichtungen der „Junta de Andalucia" wie zum Beispiel Arbeitsämter, Rathäuser oder die Büros der Seguridad Social, der gesetzlichen Krankenversicherung, als äußerst modern. Alles ist computergesteuert. Sämtliche Angelegenheiten, Meldungen und Formularwesen können online erledigt werden. Die Mitarbeiter sitzen in modernen, gut ausgestatteten Büros. Wenn ich da an manche Räumlichkeiten von Ämtern in Deutschland denke, kann ich nicht behaupten, dass Spanien rückständig sei.

Und was den Lebensstandard betrifft ist es ja genau dieser, der mich persönlich so anzieht. Es kommt eben immer darauf an, was man vom Leben erwartet.

Den Andalusiern ist es einfach wichtig eine gute Zeit zu haben. Sich zu amüsieren, die Zeit im Kreis der Familie und Freunden zu verbringen. Es ist egal, ob das Haus neu gestrichen ist, welches Auto vor der Tür parkt, oder wer wie viel verdient.

Man konzentriert sich mehr auf das Wesentliche. Spaß zu haben und das Leben zu genießen. Natürlich muss auch Geld verdient werden, und wenn Arbeit da ist, wird diese auch äußerst gewissenhaft erledigt. Doch primär wird immer gelebt.

Die Menschen die ich kenne, und das sind mittlerweile schon einige, sind einfach immer fröhlich und versuchen das Beste aus ihrem Leben zu machen. Warum jammern, das ist Zeit vergeudet, besser ist es unter Leuten zu sein, eine Fiesta zu feiern, gut zu essen und zu trinken.

Genau das ist es, was mir persönlich so sehr gefällt. Ich wurde in der Regel überall mit offenen Armen empfangen, und das obwohl ich Ausländer bin und, gerade zu Beginn, mich überhaupt nicht auf Spanisch verständigen konnte. Da man mit Englisch hier überhaupt nicht weiter kommt, war es mir ja so wichtig die Sprache zu lernen, damit ich mich noch besser integrieren konnte. Und mit diesen offenen Menschen auch in einen richtigen Dialog treten konnte.

Es war mir immer klar, dass ohne Sprachkenntnisse ein Umzug nach Andalusien für mich auf gar keinen Fall in Frage käme. Wenn ich auswandere, dann richtig. Ich möchte schließlich alleine, ohne Übersetzer, auf die Bank, zum Arzt etc. gehen können. Ich möchte ohne Einschränkungen arbeiten und mich mit meinen Kollegen unterhalten können. Mich in der Bar an einer Unterhaltung beteiligen können und das gesamte Leben in mich aufsaugen können.

Heute, im Jahr 2015, hat sich die gesamte Situation in Spanien und auch in Andalusien stark gebessert. Die wirtschaftliche Lage hat sich stabilisiert, die Touristenzahlen steigen wieder und man merkt im Allgemeinen den Aufschwung.

In Angesicht der momentanen Lage Europas ist das sehr erfreulich. Es bleibt zu wünschen, dass dieser Aufschwung von Dauer ist und Spanien endlich zu einer gewissen Stabilität zurück findet.

typisch andalusisches Kunsthandwerk in Zahara de la Sierra

Pantano (Stausee) Zahara de la Sierra

Grazalema – ebenfalls eins der pueblos blancos (weiße Dörfer)

Kapitel 4

Mañana und das Auswandern

Wenn man in ein Land auswandern möchte, muss man über die Lebensweise und die Gebräuche gut Bescheid wissen. Die Mentalität in Spanien, und besonders in Andalusien, ist gegenüber der Deutschen doch komplett unterschiedlich.

Da ist zum Beispiel das Wörtchen "mañana". Eigentlich heißt es morgen, doch hierzulande in Andalusien hat das Wörtchen noch eine ganz eigene Bedeutung. Es ist der Inbegriff von der Art des Lebens, die in keinster Weise von Stress oder Zeitzwängen geregelt ist.

Man bestellt z.B. einen Handwerker, oder einen Gärtner. Er sagt einem für den nächsten Tag zu. Es kann dann allerdings sein, dass er erst übermorgen kommt, oder noch einen Tag später.

Gerade in kleinen Dörfern darf man sich auch nicht wundern wenn Geschäfte einmal nicht pünktlich zur sonst üblichen Öffnungszeit aufmachen. Vielleicht war am Tage zuvor ja eine „Fiesta", oder es regnet, oder ist es zu heiß. Dann macht man eben etwas später oder gar nicht auf.

Was die Uhrzeit bei privaten Verabredungen anbelangt ist das ja auch so eine Sache. Man will sich um neun Uhr treffen. Da steht man als Deutscher dann aber alleine da, denn der Andalusier kommt sicher mindestens eine halbe Stunde zu spät. Wenn man das weiß ist es ja kein Problem mehr, man kommt dann eben auch erst um halb zehn. Und wartet wahrscheinlich immer noch fünf Minuten.

Dies spiegelt die Lebensart und Einstellung der Andalusier wider, die sehr gerne feiern, ein Gläschen Wein trinken gehen und das Leben in einer anderen Geschwindigkeit leben. Komm ich heut nicht, komm ich morgen – mañana eben.

Hat man sich für den Schritt Auswandern dann einmal entschieden, ist das Wichtigste, dass man ein gesichertes Einkommen, also eine Arbeit oder eine bombenfeste Geschäftsidee hat.

All diese Auswanderungssendungen im Fernsehen zeigen ja bereits leider allzu oft, wie man es nicht angehen sollte.

Es ist dringend davon abzuraten mit zu wenig Eigenkapital auszuwandern und eventuell sogar zur Miete wohnen zu müssen. Auch ist es keine gute Idee eine Tapas Bar oder etwas Ähnliches aufzumachen zu wollen. Die Einheimischen warten in der Regel nicht auf einen Ausländer, der womöglich noch nicht einmal richtig Spanisch sprechen kann.

Anzuraten ist nach Möglichkeit in Eigentum zu wohnen. Die Lebensunterhaltungskosten sind im Süden zwar viel niedriger als in Deutschland, doch auch hier gibt es gewisse Fixkosten und wenn man diese nicht bezahlen kann hat man, wie überall auf der Welt, ein Problem.

Es fallen Stromkosten, Telefon, Internet und Wasser an. Letzeres spart man sich wenn man eine Finca mit eigenem Brunnen besitzt, was es in großen Teilen Andalusiens noch gibt. Doch dieser Brunnen kann in den heißen Monaten auch austrocknen und dann muss man Wasser zukaufen. Heizungen gibt es hier in den Häusern ja meist nicht, da es nicht wirklich kalt wird. Im Winter wird mit Kaminfeuer geheizt, hier entstehen also Kosten für Brennholz, oder man heizt mit der Klimaanlage oder Radiatoren, was einen höheren Stromverbrauch hervorruft.

Die Kosten für Haustiere sind ähnlich wie in Deutschland, das Hunde- und Katzenfutter in der Regel sogar teurer. Will man seine Hunde und Katzen barfen, also roh füttern, muss man sehr erfindungsreich sein, denn diese Art der Fütterung ist hier noch nicht bekannt. Sogar manche Tierärzte stehen der Variante rohes Fleisch zu füttern negativ gegenüber und behaupten es sei gefährlich. Findet man einen netten Metzger bekommt man Fleischabfälle geschenkt. Doch von diesen Abfällen kann man nicht immer alles verwenden, mitunter ist Schweinefleisch dabei, was man ja nicht roh geben sollte, und es handelt sich auch nicht immer um die gleichen Mengen die man erhält. Also muss man Fleisch im Handel dazu kaufen, denn hier gibt es auch keine Schlachthöfe, bei denen man etwas beziehen könnte. Das ist somit dann ein hoher Kostenfaktor.

Wichtig zu wissen ist, dass in Spanien Hunde weder in Bussen, noch in Taxen befördert werden dürfen. Ebenso gibt es kaum Restaurants, die man mit Hund besuchen darf. Allenfalls kann mit den Vierbeinern auf der Terrasse sitzen und selbst das ist nicht überall gerne gesehen. Somit ist es auch kein leichtes Unterfangen mit Hund eine Wohnung oder Haus zur Miete zu finden.

Die Kosten für das Pferdefutter sind ähnlich wie in Deutschland. Hier gibt es Alfalfa, Heu, Stroh, Hafer und viele diverse Müslisorten. Die Preise sind durchaus vergleichbar mit deutschen Preisen. Pensionsställe sind in der Regel günstiger als in Deutschland. Allerdings darf man hier oft auch keinen großen Luxus erwarten. In vielen Ställen werden die Pferde noch in Boxen gehalten, es gibt keine Reithalle oder Koppeln. Zum Glück ziehen aber auch hier der Fortschritt und die Erkenntnis ein, dass diese Haltung nicht ideal ist. Es gibt teilweise schon einige Ställe mit Paddockboxen oder Haltung im Freien. Hier gilt es sich gut umzuschauen um die ideale Unterbringung zu finden.

Zusätzliche Kosten wie Hunde- oder Pferdesteuer, geschweige denn GEZ Gebühren gibt es nicht. Auch gibt es keinen Flaschenpfand und die Mülltrennung existiert zwar, ist aber ganz in ihrer Anfangsphase.

Will man sich in Spanien niederlassen benötigt man eine NIE Nummer. Das ist eine Steuer- und Identifikationsnummer, welche man für alle erdenklichen Geschäfte und Abwicklungen benötigt, wie die Eröffnung eines Kontos, den Kauf eines Hauses, Autos etc..

Will man sein deutsches Auto mit nach Spanien nehmen, sollte man es, sobald man sich vor Ort polizeilich gemeldet hat innerhalb von drei Monaten auf ein spanisches Kennzeichen ummelden. Das ist mit recht hohen Kosten, und unbegreiflich vielen Behördengängen verbunden.

Die Spanier machen es sich gerne einfach und beauftragen für viele Behördengänge einen sogenannten „Gestor". Das ist ein Mittelsmann, dem man eine Vollmacht für die jeweilige Angelegenheit erteilt. Er meldet ein Auto ab oder um, besorgt Papiere und Formulare, Atteste für die Reise mit Pferd und vieles mehr. Der Vorteil eines Gestors ist, dass er sich gut auskennt, überall bekannt ist und alle „Hintertürchen" zu nutzen weiß.

Die Krankenversicherung ist auch anders geregelt als in Deutschland. Es gibt nur eine einzige staatliche Krankenkasse, die Seguridad Social. Sobald man hier im Land eine Arbeitsstelle antritt ist man automatisch dort versichert. Solange man keine Anstellung in Spanien hat, wenn man z.B. bereits Rentner ist, oder selbstständig, kann man als Deutscher in seiner deutschen Krankenkasse versichert bleiben. Hier muss man jeden Fall im Einzelnen betrachten. Natürlich gibt es auch in Andalusien jede Menge private Kassen und Zusatzversicherungsmöglichkeiten. Doch generell gehört jeder der Seguridad Social an und bekommt seinen Hausarzt zugewiesen.

Was man in Andalusien immer einplanen muss ist Wartezeit. Egal ob Bank, Post, Arzt oder Metzger. Hier geht alles ganz gemächlich zu, und vor allem ein Schwätzchen ist immer drin. Da gerade in den kleinen Dörfern jeder jeden kennt, kann es schon einmal sein, dass man in einer langen Schlange im Supermarkt steht und die Kassiererin unterhält sich grade noch schnell mit der Kundin, die sie gerade bedient, über das was sie gestern Abend gekocht hat. Der Vorteil an dieser Warterei ist allerdings, dass man selbst mit genau so viel Geduld bedient wird. Der Bankangestellte nimmt sich so richtig Zeit, der Arzt ist ruhig und berät ausgiebig, egal ob das Wartezimmer draußen voll ist oder nicht. So hat eben alles seine Vor- und Nachteile. Doch für mich persönlich ist diese „Mañana" Einstellung gar nicht so schlecht. Man entschleunigt ungemein und lebt einfach entspannter.

eine typisch andalusische Bar

Feria del caballo in Jerez de la Frontera

Kapitel 5

Die spanischen Pferde

Die Pferde haben in der Geschichte Spaniens schon immer eine wichtige Rolle gespielt. Bereits im Mittelalter hatte die Rasse der iberischen Halbinsel einen außergewöhnlich guten Ruf. In Zeiten der Eroberer waren die Spanier mit der stärksten Kavallerie der Welt ausgestattet und das gesamte Königreich wurde sozusagen vom Pferderücken aus gegründet.

Eng verbunden mit spanischem Kulturgut sind die PRE Pferde, mehr als jede andere Rasse der Welt, heute noch unweigerliche Zeugen von Geschichte und Tradition. Sie bringen den Menschen, die sich mit ihnen befassen, das Land und die Menschen näher, sie spiegeln die Schönheit, den Charme, die Arroganz und Herzlichkeit, die Härte und Sanftheit, das Temperament, die Streitlust und die gleichzeitig großherzige Nachgiebigkeit der Spanier.

Trotz des feurigen Temperaments sind sie gleichzeitig sanft, sehr intelligent und mutig. Selbst Deckhengste lassen sich ruhig und diszipliniert im Beisein von Stuten führen oder reiten, für viele Halter von anderen Pferderassen völlig unvorstellbar. Bei der Zucht wird sehr darauf geachtet, dass nur wesensstarke Pferde ohne jegliche Defekte oder Verhaltensauffälligkeiten verwendet werden.

Andalusien hat die größte Pferdepopulation in Spanien und ist das Haupt-zuchtgebiet. Daher wird die Rasse oft auch als Andalusier bezeichnet. In der Tat hatte das spanische Pferd lange Zeit überhaupt keine besondere Bezeich-nung, sondern war nach seinen Zuchtgebieten benannt. Erst seit 1912, mit Einführung des spanischen Zuchtbuches, wurde von der Züchtervereinigung beschlossen die Pferde Pura Raza Española, PRE, zu nennen.

Es gibt kein übergreifendes Brandzeichen, jeder Züchter hat seinen eigenen Brand und kennzeichnet seine Pferde damit. Die Hengste tragen den Brand auf dem linken Hinterschenkel, die Stuten auf dem Rechten.

Das PRE Pferd wird vom Exterieur her als Quadratpferd bezeichnet. Die drei Teile des Körpers (Vorder- Mittel- und Hinterteil) sollten immer im Gleichgewicht stehen. Bei einer Größe von 1,57m bis 1,62 m wirken sie durch ihre hohe Halsaufrichtung größer und immer sehr imposant. Zulässig sind alle Farben, außer Füchse und Schecken, allerdings dominieren Schimmel und Braune. In ihrer Bewegung sind sie erhaben, agil, ausgreifend und mit besonderer Veranlagung zur Versammlung. Besonders zu erwähnen ist auch die außerordentliche Bequemlichkeit mit der die PRE für ihren Reiter zu sitzen sind.

Die meisten Zuchtgestüte gehören heute privaten Großgrundbesitzern, doch auch der spanische Staat ist im Bereich des Militärs noch in der Zucht tätig. Das Verteidigungsministerium ist mit seiner Unterabteilung, der CRIA CABALLAR, auch das oberste Kontrollorgan für die Zuchtbestimmungen. Hier werden die Papiere für die Tiere ausgestellt und das Stutbuch für ganz Spanien geführt. Das wichtigste Anliegen der CRIA CABALLAR ist die Reinhaltung der Rasse. Es darf, anders als bei vielen Warmblutrassen, kein Fremdblut eingekreuzt werden.

Jerez de la Frontera wird oft als die Hauptstadt der Pferde Europas bezeichnet. Hier befindet sich auch ein staatliches Hauptgestüt, die Yeguada Militar. Auch die Real Escuela Andaluza del Arte Equestre, die Andalusische Hofreitschule, ist hier angesiedelt und bietet mit ihren Führungen die Möglichkeit beim täglichen Training zuzuschauen oder an abendlichen Veranstaltungen teilzunehmen.

Die vielen privaten spanischen Züchter gründeten im Jahr 1972 in Sevilla eine eigene Organisation zur Vertretung ihrer Interessen, da sie lange Zeit praktisch kein Mitspracherecht in den Zuchtbelangen der Rasse hatten. Diese Asosiación Criadores Caballos Pura Raza Española, kurz ANCCE genannt, hat mittlerweile insgesamt 700 Züchter weltweit als Mitglieder und 22 Außenstellen in verschiedenen Ländern, darunter auch eine in Deutschland. Ziel der ANCCE ist, neben der Zusammenarbeit mit der stattlichen CRIA CABALLAR in Sachen Rassestandard, Eintragungen und Körbestimmungen, die Repräsentation die Spanischen Pferde national und weltweit auf Wettbewerben, Ausstellungen und Messen. Im Rahmen der SICAB in Sevilla, der Messe Salon Internacional del Caballo de Pura Raza Epañola, gibt spezielle Jungpferdedressur-Prüfungen und Funktionalitätsprüfungen, welche gänzlich auf die Rassemerkmale der PRE's ausgerichtet sind. Sogar eine Zeitschrift wird von der ANCCE verlegt.

Die wohl berühmteste und wertvollste Zuchtlinie Spaniens ist die der Kartäuser, die Cartujanos. Die Mönche des Kartäuserklosters bei Jerez begannen im Mittelalter PRE Pferde zu züchten und sie möglich frei von Fremdeinkreuzungen zu halten. Bis heute wird diese Zuchtlinie in privater und militärischer Hand weitergeführt. Die bekannteste ist das Militärgestüt Hierro del Bocado, ganz in der Nähe des ehemaligen Kartäuserklosters.

Das Pferd ist trotz moderner Zeiten immer noch Teil des spanischen Lebens, vor allem in Andalusien. Dies wird in der Zeit von Februar bis September am deutlichsten, wenn überall die Ferias und Romerias stattfinden. Die Pferde sind dabei so sehr traditioneller Bestandteil andalusischen Lebens, dass es keine Feria ohne Pferde und Reiter gibt.

In der heutigen Zeit werden die PRE Pferde weltweit sehr vielfältig eingesetzt. In Spanien gibt es drei Hauptverwendungszwecke, bzw. drei Reitweisen. Zum Einen die Alta Escuela, die Hohe Schule. Diese Reitweise wurde ursprünglich für die Kriegsreiterei entwickelt. Daraus wurden viele Elemente für den, heute noch stattfindenden, berittenen Stierkampf, der „Rejoneo" übernommen. Die dritte Reitweise ist die „Doma Vaquera", eine Hirtenreiterei, die in Spanien immer noch ein Beruf ist und den Menschen aufs engste mit dem Pferd verbindet.

Diese traditionellen, fast historischen, Ausbildungsweisen und Dressuren sind über die Jahrhunderte hinweg in Spanien erhalten geblieben. Sie hatten auch entscheidenden Einfluss auf die genetische Entwicklung des PRE. Um Rinder-herden zu hüten ist nicht unbedingt Schnelligkeit von Nöten, sondern vielmehr die Fähigkeit eines guten Stopps, enge Wendungen und diagonales Auswei-chen. So entstanden Pferde mit kurzem Rücken und starker Hinterhand, die sich leicht versammeln, unter ihren Schwerpunkt treten und durchparieren lassen.

Außerhalb Spaniens werden die PRE Pferde oft für die barocke Reitweise ver-wendet, oder die relativ neue Sportart der Working Equitation. Sie eignen sich aber ebenso gut als Kutschpferde oder einfach nur als fantastischer Begleiter eines Freizeitreiters.

Es ist nicht ganz so einfach, außerhalb von Spanien, einen wirklich guten PRE zu finden. Die besten Pferde bleiben im Land. Früher war es verstärkt so, dass man nur Pferde die in Spanien keiner wollte und die man nicht für die Zucht verwenden konnte, sei es wegen Charakterlichen Diskrepanzen oder Körperli-chen, ins Ausland verkaufte. In Zeiten der Krise hat sich das etwas verändert, doch meine persönliche Idealvorstellung ist immer noch, dass man ein spani-sches Pferd auch am besten im Land, wenn möglich jung und direkt bei Züch-ter oder Ausbilder kauft.

Jede Woche gibt es Transportfahren von Spanien ins restliche Europa, für ganz erschwingliche Preise, sodass einem Kauf direkt in Spanien eigentlich nichts im Wege steht. Innerhalb der Europäischen Union wird ein amtstierärztliches Gesundheitszeugnis benötigt, welches der Verkäufer sieben Tage vor Trans-portbeginn ausstellen lassen muss.

Da die guten Pferde in Spanien in der Regel nicht kastriert werden, sollte man also immer aufpassen wenn man einen Wallach angeboten bekommt. Ein PRE wird in Spanien nur kastriert wenn er erhebliche charakterliche Fehler aufweist oder wenn er nicht gekört wurde. Da die Körbestimmungen in Spanien recht großzügig sind, muss ein Pferd schon erhebliche Probleme haben um nicht gekört zu werden.

Somit ist es ratsam sich einen Hengst zuzulegen, wenn man denn ein männliches Pferd haben möchte, auch wenn man ihn dann kastrieren lässt. Hengsthaltung ist schließlich nicht jedermanns Sache und außerhalb Spaniens auch oft ein schwieriges Unterfangen, da es viele Ställe gibt, die keine Hengste aufnehmen oder die Haltung, durch die Isolation, dann nicht ideal ist.

Man sollte auch gut überlegen zu welcher Jahreszeit man ein spanisches Pferd z.B. nach Deutschland holt. Ein Transport mitten im Winter ist mit Sicherheit nicht ideal, man riskiert, dass das Pferd krank wird, weil es die niedrigen Temperaturen nicht gewohnt ist. Holt man ein PRE-Pferd mitten im Sommer nach Deutschland stimmen zwar die Temperaturen, aber man sollte es auf keinen Fall direkt auf eine üppige Wiese stellen. Das könnte fatale Folgen haben, da die Spanier nur an karge Weiden gewöhnt sind. Beachtet man aber gewisse Dinge in Sachen Haltung und Futter, gewöhnen sich die Spanier in der Regel problemlos ein.

Die meisten spanischen Pferde haben sehr gute Hufe und können bei gutem und weichem Boden in Deutschland oft barhuf gehalten werden.

Auf einen erhöhten Pflegeaufwand muss man sich allerdings bei Mähne und Schweif einstellen. Das meist sehr lange und dichte Haar benötigt viel Aufmerksamkeit und eine Extraportion Mähnenspray um kämmbar zu bleiben und schön auszusehen. Fans von Flechten kommen beim spanischen Pferd auf ihre Kosten, die Mähne, und oft auch der Schweif, verlangt bei der täglichen Arbeit praktisch danach, schick eingeflochten zu werden.

dreijähriger Pura Raza Española

Stuten mit Fohlen bei einem Ganadero (Züchter) nähe Jerez

Kapitel 6

Andalusien: weiße Dörfer, Copita, Tapa, Fiesta

„Al-Andalus war einer der großartigen Momente der Menschheit" sagt der libanesische Schriftsteller Amin Maalouf.

Im Mittelalter eroberten die Mauren fast die gesamte iberische Halbinsel und nannten sie Al-Andalus.(das Paradies) Während in dieser Zeit der Rest Europas in üblen Verhältnissen und Armut lebte, blühte in Al-Andalus die Kultur der Wissenschaften, Philosophie, Kochkunst und vor allem der Architektur. Noch heute sind einige Monumente in ihrer unglaublichen Schönheit zu bestaunen, wie die Alhambra von Granada, die Mezquita von Cordoba oder die Giralda in Sevilla. Die Christen zerstörten nach ihrem Sieg über die Moslems zwar die meisten Moscheen und Badehäuser im Land und doch überlebte etwas vom Geist der Mauren bis heute – und zwar in den weißen Dörfern Andalusiens. Heutzutage haben die Andalusier, nach langer Zeit der Verleumdung, endlich gelernt wieder stolz auf ihre maurische Vergangenheit zu sein.

Sehr malerisch schmiegen sich die Pueblos blancos, die weißen Dörfer, an Berghänge und liegen in idyllischen Bergregionen. Sie bestechen nicht nur durch die auffällig weiß gekalkten, mit bunten Blumentöpfen dekorierten, Häuser sondern auch durch die engen Gassen, die abenteuerlichen Burgen, gotisch-barocken Kirchen, magischen Innenhöfen und schmiedeeisernen Balkone. Die Zeit scheint in diesen Dörfern vor Jahrhunderten stehen geblieben zu sein. Noch heute wird sehr darauf geachtet, dass der uralte Brauch die Häuser weiß zu kalken, welcher aus der Zeit stammte als die Pest auf der Halbinsel wütete, beibehalten wird.

Die Landschaft Andalusiens ist je nach Region sehr unterschiedlich. Es gibt Gegenden die durch große Hitze und Trockenheit geprägt sind, wie zum Beispiel die Regionen um die Städte Sevilla, Granada und Cordoba, aber ebenso liebliche und regenreiche Gegenden, wie die Sierra de Grazalema oder die Sierra de Cazorla, wo der Fluss Guadalquivir entspringt.

Und dann gibt es noch die Küstenregionen. Vom Mittelmeer bis zum Atlantik verfügt Andalusien über insgesamt rund 700km Küste. Die Strände der Costa del Sol, also die des Mittelmeers, sind nicht ganz so auslandend und weitläufig wie die Strände des Atlantiks, also der Costa de la Luz. Die Mittelmeerregion ist trotzdem viel mehr von ausländischen Touristen frequentiert als die breiten Traumstände der Costa de la Luz. Das mag an den Meerestemperaturen liegen. Denn der Atlantik ist in der Regel immer ein paar Grad kälter als das milde Mittelmeer. Nimmt man allerdings die etwas kühleren Wassertemperaturen in Kauf, bekommt man dafür leere, breite und kilometerlange Strände, oft mit einem umwerfenden Blick auf den afrikanischen Kontinent, der gerade gegenüber liegt.

Der Tourismus hat Andalusien bereits in den 60-er Jahren für sich entdeckt. Die damalige Regierung nutzte die Gelegenheit und überzog die Küste des Mittelmeers mit Hotels und Apartmenthäusern. Von diesen Bausünden blieb die Costa de la Luz bis heute zum Glück weitgehend verschont.

Der Tourismus ist auch heute noch Einnahmequelle Nummer eins, denn Industrie gibt es in Andalusien kaum. Andere Exportgüter, wie z.B. das Olivenöl und Sherry sind bei weitem nicht so ertragreich.

Das milde Klima, mit im Sommer üblichen Temperaturen von über 40 Grad, hat auch das Leben der Menschen stark geprägt. Alles geht einen Tick langsamer und findet später statt, als in anderen Europäischen Ländern.

Was die Touristen wohl an Andalusien schon immer fasziniert hat ist der Lebensstil der Einheimischen. Es wird viel Wert auf Familie und Festlichkeiten gelegt. Daraus sind natürlich einige Bräuche, sogenannte costrumbres, gewachsen.

Wie zum Beispiel der Brauch der „Copita". Das ist die Verniedlichung von dem Wort copa was eigentlich Weinglas heißt. Andalusier lieben Verniedlichungen und hängen überall ein „ito oder „ita" an. „Irse de copitas" bedeutet, dass man nach Feierabend mit Freunden oder Verwandten um die Häuser zieht und etwas trinken geht. Und das gerne jeden Tag der Woche. So findet der Arbeitsalltag immer einen schönen und angenehmen Abschluss. Das fördert das Miteinander und die Stressminderung ganz besonders.

Zu einer Copita gibt es auch meistens eine „Tapa" (oder Tapita, zu Deutsch Deckel) dazu. Das ist eine Kleinigkeit zu essen. EinfacheTtapas sind zum Beispiel eine kleine Scheibe Brot mit etwas iberischen Schinken vom schwarzen Schwein (umgangssprachlich auch pata negra genannt, Schwarze Pfote) oder ein paar eingelegte Boquerones, Sardinen. Warme Tapas sind zum Beispiel Albondigas, Hackbällchen mit Soße, oder Rabo de Toro, Stierschwanz in Soße. Es gibt mittlerweile eine unerschöpfliche Auswahl an Leckereien die serviert werden.

Der Brauch der Tapas soll in Sevilla entstanden sein. Man wollte die Gläser vor den Fliegen schützen und positionierte ein Tellerchen als Deckel auf die Öffnung des Glases. Und da nutzte man die Gelegenheit und legte eine Kleinigkeit zu essen drauf. Das kam so gut an, dass daraus der heutige Brauch entstanden ist.

Gerade im Süden Spaniens gibt es viele Tapas und Speisen die von der Zubereitung her maurisch getypt sind. Wie bei dem Baustil ist auch hier der frühere Einfluss noch stark zu spüren.

Paella und Sangria findet man sehr selten auf einer Speisekarte im Landesinneren. Das bereiten die Andalusier eher zu Hause im großen Familienkreis zu, oder wenn es etwas zu feiern gibt, was ja nicht selten der Fall ist.

In Touristengegenden am Meer kann man diese beiden Dinge allerdings auch auf den Speisekarten finden.

Hier ein Auszug einiger typischer andalusischer Tapas:

- Ensaladilla Rusa, einer Art Kartoffelsalat mit Mayonaise

- Albondigas en salsa, Hackbällchen in Soße

- Croquetas, Kroketten aus Fisch, Fleisch oder Bechamel

- Pulpo a la plancha, Tintenfisch

Da es im geselligen Süden immer etwas zu feiern gibt, hier auch noch einige Infos zu den Fiestas und Ferias. Eine Fiesta wird aus allen möglichen privaten Anlässen, wie eine Kommunion, Taufe, Hochzeit oder Geburtstag gefeiert. Auch öffentliche Veranstaltungen werden als Fiesta betitelt, das ist dann so etwas wie ein Stadtfest in Deutschland, mit viel Essen und Trinken.

Eine Feria ist ein großes Fest, immer mit Pferden, welches vom Ursprung her eine rein private Veranstaltung war. Erst seit einigen Jahren sind diese Feste auch für jedermann zugänglich. Ursprünglich trafen sich Pferde- und Kampftierzüchterfamilien auf den Ferias in den verschiedenen Dörfern um bei Sherry, Tapas und Flamenco ihre Geschäfte zu besprechen und abzuschließen. Eine Feria findet auf eigens dafür vorgesehenen öffentlichen Festplätzen statt. Dort werden jedes Jahr für die Veranstaltung sehr aufwendig die sogenannten Casetas (Häuschen und Festzelte) aufgebaut. Diese Casetas sind perfekt eingerichtet mit Küche, einer Tabla, die Plattform um Flamenco zu tanzen, Tischen und Stühlen sowie Koch- Bedienpersonal. Ein unbeschreiblicher Aufwand, der jedes Jahr auf das neue zelebriert wird.

Früher besuchten sich die Familien gegenseitig in den Casetas und bewirteten sich. Für „Fremde" war kein Zutritt möglich. Nach und nach lockerte sich aber der Brauch und die Casetas öffneten sich für das breite Publikum und wurde zu einer Besucherattraktion. Heutzutage gibt es nur noch ganz wenige wirklich private Casetas.

Eine Feria dauert meist sieben Tage oder über ein langes Wochenende. Zu den berühmtesten Ferias zählen die von Sevilla im April und Jerez im Mai. Ab dem Frühjahr findet der Reihe nach in fast jedem Dorf eine Feria statt.

Die Besucher tragen in der Regel typische Kleidung, die Damen ein schickes und buntes Flamenco Kleid mit aufwendigem Schmuck und Seidenschals und die Herren tragen die traditionellen Trachten mit Cañero (dem typischen spanischen Reithut).

Die Pferde sind auf den Ferias ein traditioneller Bestandteil andalusischen Lebens. Schon die kleinsten Kinder sitzen fein herausgeputzt auf dem Pferd und reiten mit ihren Vätern durch die Menge.

Die wichtigste Feria für Pferdefreunde ist im Mai die Feria del caballo in Jerez de la Frontera. Sieben Tage lang dreht sich hier alles nur um das Pferd. Wie in vergangenen Zeiten kann man hier die feudale andalusische Lebensart der Landesherren, die ihren Reichtum dem Sherry und der Stier- und Pferdezucht verdanken, erleben. Sie präsentieren sich auf ihren prachtvollen Pferden, die als Prestigeobjekt und Repräsentationsmittel dienen. Je spektakulärer das Pferd – desto stolzer der Caballero. Doch man zeigt sich nicht nur auf edlen Hengsten, auch viele wertvolle Kutschen, bis zu sechsspännig und mit farbenfroh geschmückten Pferden, bestimmen das Bild auf den breiten Sandwegen des Feria Platzes. Heutzutage reiten auch einige Frauen in der formellen Reittracht, dem „Traje corto", auf den Ferias mit. Viele nehmen aber auch, wie früher üblich, in ihrem schönen Flamenco Kleid einfach hinter dem Sattel ihres Gatten auf der „Grupera", eine Art Sitzkissen, Platz. Unweigerlich wird man als Ausländer auf solch einer prachtvollen Feria in ein Leben früherer Zeiten zurück versetzt, fast schon wie in einem Theaterspiel, alles ist perfekt und bis ins kleinste Detail inszeniert.

Den Sommer über bis in den Herbst hinein finden auch noch etliche Romerias, Wallfahrten, in den verschiedenen Dörfern statt. Die berühmteste Romeria ist die vom „El Rocio".

El Rocio ist ein kleines, verschlafenes, altes Dörfchen mit Sandstraßen wie in einem Italowestern. Vor jeder „Venta", so werden die Wirtschaften und Kneipen genannt, findet man Anbindestangen für die Pferde der zahlreichen berittenen Besucher.

Es leben nur ca. 300 Menschen ganzjährig dort. An der Romeria kommen jedoch ca. 1 Million Besucher mit 50.000 Pferden aus allen Teilen von Spanien um die „Ermita de Nuestra Señora del Rocio" zu ehren.

Dieses Fest ist ein unglaubliches Erlebnis. Die perfekte Kulisse des Dorfes, die traditionell gekleideten Reiter, die Kutschen von Pferden, Mulis oder Stieren gezogen und die gesamte Stimmung schickt den Besucher im wahrsten Sinne des Wortes auf eine Zeitreise.

Die Route um zu Fuß, zu Pferd oder mit der Kutsche nach El Rocio zu gelangen führt durch den Nationalpark Doñana, der in dieser Zeit speziell für die Pilger freigegeben wird. Von dem Städtchen Sanlucar de Barameda aus setzen die Teilnehmer mit einer Fähre in den Park über. Die Anreise dauert auf Grund der Massen oft tagelang. Da auf der Wallfahrt nach El Rocio Selbstversorgung herrscht, müssen sich die Pilger sehr gut organisieren. Meist ist man im Rahmen einer Peña, einer Bruderschaft, unterwegs und hat seine Verpflegung in einem Gespann dabei.

Die Frauen bereiten auf der Strecke wahre Köstlichkeiten in ihren fahrbaren Küchen vor und der Rebujito, eine Art Weinschorle aus Sherry und Sprite mit Eis und einem Minzblatt, fließt in Strömen. Die Stimmung ist demensprechend gut und es herrscht eine wirklich einmalige Atmosphäre. Tage- und nächtelang wird gesungen, getrunken, gelacht und geweint, bis am Montagmorgen die

„Virgen del Rocio", die Jungfrau von el Rocio, oder auch „Paloma Blanca", weiße Taube genannt, endlich aus der Kapelle geholt wird. Die Madonna wird dann 12 Stunden lang von jungen Männern durch die Menge getragen. Denn die Legende der heiligen Jungfrau begann etwa im 7. Jahrhundert, als ein Jäger aus dem Dorf Almonte im Wald eine hölzerne Marienfigur fand. Er nahm sie mit und wollte sie nach Hause tragen. Unterwegs setzte er sie zum Ausruhen ab, da verschwand sie plötzlich. Als er sie in ihrem alten Versteck wieder fand, sah man das Geschehene als Wunder an. Seitdem pilgerten die Dorfbewohner von Almonte zu dem Versteck der Marienfigur, um sie um ihren Segen zu bitten. König Alfons X, der Weise, ließ ihr später eine Kapelle bauen, um die sich im Laufe der Zeit das Dörfchen El Rocio bildete. Seit dem 18. Jahrhundert ist die Virgen del Rocio auch für Pilger aus weiter Entfernung ein Begriff.

Das El Rocio ist eine seltsame Mischung aus religiöser Wallfahrt und Aberglaube, aus Tradition, Folklore und Lebenslust — sehr spanisch eben.

Man sieht, für den Andalusier ist Essen, Trinken und Feiern mit das Wichtigste im Leben.

Selbst geschäftliche Besprechungen finden in der Regel in einer Kneipe statt oder enden zumindest dort. Dadurch ist die Atmosphäre lockerer, obwohl mitunter dabei knallharte Geschäfte erzielt werden.

Doch nach diesem Exkurs in die Costumbres der Andalusier nun wieder zurück zum eigentlichen Thema — Meinem Auswandern mit Pferd und Hund.

Pulpo aliñado (marinierter Tintenfisch)

jamon iberico (Schinken vom schwarzen iberischen Schwein)

Tapa variada (Zusammenstellung aus verschiedenen Tapas)

almejas en salsa de vino blanco (Venusmuscheln in Weißweinsoße)

Kapitel 7

Hauskauf in Spanien

Im September 2009 packte ich ein weiteres Mal meine Koffer für die Überwinterung in Andalusien. Allerdings war kein erneuter Arbeitsvertrag auf der Hacienda in Villamartin zustande gekommen. Vielmehr hatte ich durch einen Pferdekauf im Mai 2009 eine Hacienda im Dörfchen Torrecera kennen gelernt, auf der ich diesen Winter verbringen und mich auf die Immobiliensuche konzentrieren wollte.

Es handelte sich um eine sehr großzügige Reitanlage mit Hotelbetrieb. Ich vereinbarte mit den Betreibern, die auch ein Maklerbüro führten, eine Monatspauschale für meine Unterkunft und die der Pferde, ohne dafür arbeiten zu müssen. Natürlich erhoffte ich mir über diese Makler interessante Immobilien zu finden und vielleicht schon bald Besitzer einer eigenen Finca zu sein. Denn für mich war klar – der Zeitpunkt ein Eigentum in Spanien zu besitzen war nun auf jeden Fall gekommen.

Aber es kommt ja leider immer anders als man denkt.

Und so teilte mir meine damalige Frau im November 2009, vor dieser wunderbaren Kulisse auf der Hacienda, das Aus unserer Ehe mit.

Es traf mich (wie wohl viele Männer) völlig unerwartet, es war wie ein Tritt in den Magen. Angesichts dieser Tatsachen fiel ich, verständlicherweise, erst einmal in ein tiefes Loch und wusste überhaupt nicht wie es nun weiter gehen sollte. Und das ausgerechnet in meinem persönlichen Paradies Andalusien.

In meiner ersten Starre und Hilflosigkeit blieb ich die restlichen Monate der vereinbarten Zeit alleine auf der Hacienda zurück und versuchte noch das Beste aus meinem Aufenthalt zu machen. Im Nachhinein muss ich sagen, dass ich alles wie durch Watte erlebt habe. So eine Erfahrung wünsche ich niemandem, und will die Zeit, die ich dort dann alleine verbrachte, auch nicht noch einmal erleben müssen.

Natürlich hatte ich keinen Kopf mehr nach Immobilien zu schauen, generell erschien mir dieses Thema als weiter entfernt denn je.

Im Januar 2010 machte ich mich dann auf den Heimweg. Mit vielen Steinen im Magen, wie sich jeder denken kann, konnte ich mir doch noch gar nicht vorstellen wie mein Leben in Deutschland ab jetzt aussehen würde.

Zuhause angekommen saß ich dann alleine mit meinem Pferd und meinem Hund in meinem Bauernhof und versuchte mein Leben neu zu sortieren.

Es verging ein gutes Jahr, bis überhaupt irgendetwas wirklich weiter ging. Ich gewöhnte mich nur schwer an das neue Leben allein. Spanien, und vor allem mein Traum des Auswanderns, schien unerreichbar weit weg zu sein. Alleine in Urlaub fahren wollte ich nicht und alleine den Plan des Auswanderns durchzuziehen ging natürlich auch nicht Damals erschien mir alles als ziemlich aussichtslos und öde.

Doch manchmal schreibt das Leben dann auch wieder sehr schöne Geschichten. Als ich mich soweit gefangen hatte, ging ich viel unter die Leute und versuchte neue Kontakte zu knüpfen. Das gelang mir auch und ich fand zu meiner Lebensfreude zurück. Dann wollte es der Zufall, dass ich im Februar 2011 eine Frau kennen lernte. Ihr erfrischendes Wesen mit viel Humor und einer ungemeinen Wärme gefiel mir auf Anhieb.

Nach und nach erzählten wir uns natürlich unsere Lebensgeschichten. Was ich da von ihr erfuhr machte mich völlig sprachlos.

Es war in der Tat so, dass sie mit 18 Jahren nach Spanien ausgewandert war und dort mit Pferden und Hunden 14 Jahre lang gelebt und gearbeitet hatte. Nach Deutschland war sie nur zurück gekehrt, weil sie sich um ihre kranke Mutter kümmern wollte, was sie dann auch bis zu deren Tod getan hatte.

Ich konnte mein, oder soll ich sagen unser, Glück kaum fassen. Wir waren wie füreinander geschaffen. Schon nach kurzer Zeit waren wir unzertrennlich. Wir reisten nach wenigen Wochen des Kennenlernens gemeinsam nach Gran Canaria, und sie zeigte mir die Insel wo sie so lange gelebt hatte. Natürlich musste ich ihr dann auch sehr zeitnah mein geliebtes Andalusien zeigen.

Für sie war es keine unbekannte Gegend in die ich sie da brachte. Im Jahr 2006 hatte sie bereits einen Urlaub in Jerez und Umgebung verbracht und es hatte ihr damals schon sehr gut gefallen.

Wir genossen unsere gemeinsame Zeit sehr, stellten fest, dass wir perfekt zueinander passten und irgendwann kam natürlich auch das Thema Auswandern zur Sprache.

Wir waren uns recht schnell einig in der Ansicht, dass uns eigentlich in Deutschland nichts mehr hält und dass das Leben in Spanien doch viel schöner ist. Somit stand unser gemeinsamer Plan und wir machten uns auf die Suche nach geeigneten Immobilien.

Ständig flogen wir hin und her. Manchmal sogar vier Mal im Jahr. Die Suche gestaltete sich allerdings als nicht einfach. Das Angebot war zwar riesig aber die Fincas und Häuser die zum Verkauf angeboten wurden waren mitunter in einem katastrophalen Zustand.

Wir haben alles Mögliche und Unmögliche gesehen – halb fertige Häuser, die schon eine ewig lange Zeit leer standen und in einem dementsprechenden desolaten Zustand waren, Ruinen, die angeblich mit einer Investition von maximal 15.000€ bezugsfertig sein sollten, verschimmelte und muffelnde Häuser, völlig verwilderte oder steil abfallende Grundstücke, teils mit nur einer uralten Ruine darauf.

Die Objekte lagen auch teilweise an Stellen wo kein Feuerwehrauto, Kranken-
wagen oder ein Pferdeanhänger hingelangen konnte. So etwas ist zum Leben
dann eben auch nicht ideal und entsprach absolut nicht unserer Vorstellung.

Es waren natürlich auch Häuser dabei, die sehr schön waren, aber die standen
dann immer auf einem viel zu kleinen Grundstück. Und meist auch in einem
stark bebauten Gebiet wo das umliegende Ausreitgelände nicht unbedingt ideal
war. Irgendwas war also leider immer ein KO- Kriterium. Aber wir ließen uns
nicht beirren und wussten, dass wir eines Tages genau das Richtige finden
würden.

Auf unseren vielen Reisen fanden wir statt der geeigneten Immobilie allerdings
erst einmal etwas ganz anderes – nämlich einen wunderschönen PRE-Hengst.
Bekannte von uns suchten nach einem Andalusier. Da wir sowieso so oft in
Andalusien waren fragten sie uns, ob wir nicht einmal nach Pferden für sie
Ausschau halten könnten und beim nächsten Urlaub würden sie dann mitflie-
gen und die Pferde testen. Wir fanden letztendlich einen geeigneten PRE für
sie, welchen sie kauften und nach Deutschland holten. Bei dieser Gelegenheit
traf allerdings auch uns Amors Pfeil wie aus heiterem Himmel. Wir verliebten
uns unsterblich in einen bildhübschen PRE-Hengst und mussten ihn einfach
kaufen, obwohl wir wussten dass es eigentlich total unvernünftig war. Zwei
Personen mit drei Pferden, jeder riet uns davon ab. Aber um vorzugreifen, es
stellte sich als das Beste heraus was wir machen konnten. Man sollte eben doch
immer auf sein Herz und auf seinen Bauch hören und auch vermeintlich un-
vernünftige Dinge tun.

Im August 2013 waren wir dann wieder einmal in Jerez und machten Badeur-
laub mit der Nebenbeschäftigung Immobile suchen. Mit den Betreibern der
Reitanlage und dem Immobilienbüro in Torrecera, wo ich den Winter 2009
verbracht hatte, waren wir zur Besichtigung von zwei Fincas, die zum Verkauf
standen, verabredet. Im Vorab hatten wir Bilder gesehen, und eine der Fincas

erschien als interessant. Aber da wir schon so unsere eigenen Erfahrungen gemacht hatten und wussten, dass es in echt oft ganz anders aussah, fuhren wir ohne große Erwartungen los.

Ja und was soll ich sagen – plötzlich war dann ganz klar. Wir betraten das Gelände und Haus der ersten Finca die uns gezeigt wurde, schauten uns an und wussten: das ist es! Die zweite Immobilie schauten wir an dem Tag zwar auch noch an, aber, ganz davon abgesehen dass es eine total herunter gekommene niemals fertig gestellte Baustelle war, waren wir uns sicher - wir hatten unsere Finca gefunden.

Völlig aus dem Häuschen flogen wir zurück nach Deutschland. Unser Plan war nun, die deutsche Immobilie kurzfristig zu beleihen um das spanische Objekt kaufen zu können. Klingt eigentlich ganz einfach, oder? So stellten wir es uns auch vor. Leider zeigten sich die Banken als nicht interessiert, uns einen Kredit zur Verfügung zu stellen. Wir fragten überall an - keine Chance. Bäuerliche Anwesen in Deutschland werden ungern und wenn überhaupt nur mit 50% beliehen. Und Geld für eine Immobilie im Ausland zu bekommen war ebenfalls unmöglich.

Die Monate vergingen, wir bekamen kein Geld und wurden immer frustrierter. Die Angst, dass uns jemand unser Traumobjekt vor der Nase wegschnappen könnte, war allgegenwärtig.

Im Mai 2014 flogen wir noch einmal nach Jerez um mit dem Besitzer der Finca zu sprechen. Zum Glück betrieb er keine große Werbung, er hatte es nicht eilig, wollte nur über Mundpropaganda verkaufen und so gab es noch keine weiteren Interessenten. Wir versicherten ihm bei der erneuten Besichtigung, dass wir alles daran setzen würden um das Geld zu bekommen. Begeistert war er natürlich nicht, als er von unseren Problemen hörte, aber er versprach uns doch, das Haus nicht zu verkaufen ohne uns vorher zu informieren, sollte sich ein weiterer Interessent melden.

Zurück in Deutschland waren wir, nachdem wir das Haus nun noch einmal gesehen hatten, bereit alles auf eine Karte zu setzen.

Wir schalteten also mehrere Anzeigen und setzten unser Haus in Deutschland zum Verkauf.

In kürzester Zeit kamen ca. 100 Anfragen und über 30 Besichtigungen. In Deutschland sind Immobilien mit genehmigter Pferdehaltung und einem idealen Ausreitgelände drumherum eine große Rarität. Allerding haben Pferdemenschen in der Regel wenig Kapital und somit scheiterten erst einmal alle Kaufinteressenten an der Kredit- bzw. Geldbeschaffung.

Es war zum verzweifeln. Immer wieder kam die gleiche Absage – wir würden das Haus ja zu gerne kaufen, können aber leider keine Finanzierung darstellen.

Mitte September 2014 kam schließlich ein Ehepaar. Sie zeigten sich, wie viele andere vorher auch, gleich interessiert. Das war ja nichts Neues. Doch nach zwei Tagen fragten sie eine erneute Besichtigung an. Und eine Stunde nach diesem zweiten Termin waren sie dann noch einmal da und gaben uns die Zusage zum Kauf.

Dann ging alles plötzlich ganz schnell. Wir vollzogen den Verkauf und die Hausübergabe wurde auf Mitte November festgelegt.

Nun mussten wir aber Gas geben! Ich buchte als aller erstes einen Flug nach Jerez um mit dem Verkäufer der Finca einen Vorvertrag abzuschließen und eine Anzahlung zu tätigen um den Kauf zu besiegeln.

Wenn ich so zurück denke muss ich sagen, dass diese Tage nach der Kaufzusage und bis zu dem Tag des Vorverkaufsvertrags für mich wie eine Achterbahnfahrt waren. Ich kam aus den Höhen und Tiefen gar nicht mehr heraus. Auf der einen Seite himmelhoch jauchzend aber auch immer mit der Angst im Nacken es könnte doch noch etwas völlig unvorhergesehenes passieren.

Erst auf dem Rückflug von Jerez löste sich diese ganze Anspannung und ich wurde ruhiger.

Der Traum konnte nun endlich Wirklichkeit werden!

Wir machten uns daran, das Haus und die Nebengebäude auszuräumen. Es ist unglaublich, was sich in 20 Jahren auf einem Hof so alles ansammelt. Es schien kein Ende zu nehmen, von früh bis spät arbeitet ich wie ein Tier, angetrieben von der Vorfreude auf unser neues Leben.

Für die Dinge die wir mitnehmen wollten hatten wir bei einer Speditionsfirma einen Container gekauft. Dieser wurde dann per LKW und Schiff von derselben Spedition zu unserer Finca gebracht. Allein die Organisation dieses Transports war schwieriger und viel teurer als gedacht. Wir hatten im Vorfeld beschlossen einen Container zu kaufen, da wir diesen auf der Finca als Lager benutzen können. Das schien erst mal kein Problem, Container kann man leicht erwerben. Als Problem stellte sich allerdings heraus, dass der Container eine Zollplakette brauchte und das war nicht bei allen der Fall. Dann dachten wir, dass der Container ganz einfach per LKW nach Südspanien gefahren werden konnte. Die Anfragen bei diversen Speditionsfirmen belehrten uns allerdings eines Besseren, denn niemand konnte uns eine Fahrt bis nach Andalusien anbieten. Nordspanien ok, aber weiter nicht.

Also mussten wir unsere Suche ausweiten und kamen auf eine international operierende Spedition, die zwar um das Doppelte teurer war als wir veranschlagt hatten, aber dafür ein „Rundum sorglos" Paket anbot, inkl. Container mit Plakette und Transport bis vor die Haustür.

Das Einräumen des Containers war allein schon eine logistische Herausforderung. Am Ende ging die Tür gerade so zu, mit ein bisschen quetschen und schieben. Uff...

Abfahrt unseres Containers

Mitte November war der Tag X dann endlich da. Freitagmorgens um acht Uhr rollten wir aus dem Hoftor heraus, mit dem Wissen, dass es diesmal eine Reise ohne Wiederkehr sein würde. Ohne mich auch nur einmal umzudrehen verließ ich das Dorf in dem ich meine letzten 20 Jahre verbracht hatte. Ich wollte einfach nur frohen Mutes nach Vorne in die Zukunft blicken, und keinen Gedanken mehr an das Alte verschwenden.

Bepackt waren wir mit zwei Pferden im Anhänger und zwei Hunden in der Transportbox im Kofferraum. Unser drittes Pferd, der PRE Hengst, hatte bereits eine Woche zuvor seine Reise mit einem Transporteur angetreten und erwartete uns schon in Arcos de la Frontera.

Die Reisepapiere für die Pferde hatten wir wenige Tage vor der Abreise vom zuständigen Veterinär ausstellen lassen, mit den Hunden waren wir ebenfalls beim Tierarzt gewesen und hatten unter anderem die Halsbänder gegen die Sandfliege, Zecken etc. besorgt.

Da wir keine Eile hatten und entspannt reisen und, vor allem, ankommen wollten, hatten wir die Strecke mit drei Übernachtungen geplant. So nutzten wir die Gelegenheit um Bekannte in Frankreich zu besuchen und dort unsere erste Nacht zu verbringen.

Als wir am nächsten Tag bei Perpignan die spanische Grenze überquerten jubelten wir erst einmal im Auto. Jetzt waren wir schon einmal ein bisschen „daheim" angekommen. In Nordspanien, bei Girona, lag unsere nächste Unterkunft.

Grenzübergang bei Perpignan

Diese jeweils recht kurzen Etappen stressten weder uns noch die Tiere. Wir kamen an jeder Station noch im Hellen an und hatten genug Zeit die Pferde noch etwas laufen zu lassen und in Ruhe zu versorgen. Bei unserer letzten Übernachtung in der Nähe von Valencia nutzten wir sogar noch die Möglichkeit und gingen mit den Hunden an den Strand. Und das Anfang November. Ein kleiner Vorgeschmack auf den Luxus des warmen Klimas, der uns zukünftig vergönnt sein würde.

Die letzte Etappe war mit knapp 800 km die Längste. Gegen halb sieben verließen wir die Mittelmeerküste Richtung Landesinnere und erreichten montagabends um 17:00 das Ziel. Unser zukünftiges Zuhause – Arcos de la Frontera.

endlich am Ziel

Die Außentemperatur betrug noch 26 Grad, ich fühlte mich wie im Paradies angekommen.

Für die Pferde hatten wir ein Paddock im Stall eines Freundes reserviert und für uns und die Hunde ein Zimmer in einem kleinen Hostal am See in Arcos, eine der wenigen Unterkünfte in der Hunde willkommen waren. Unser Hengst erwartete uns schon am Stall, er freute sich mächtig seine beiden Kumpels endlich wieder zu sehen.

erste Nacht im Hotel

Direkt am nächsten Tag begannen wir mit den Vorbereitungen für den Hauskauf. Der Notar musste unsere Daten erhalten um den Kaufvertrag aufsetzen zu können und ich musste bei meiner Bank einen bankbestätigten Scheck besorgen.

Als ich diesen dann zwei Tage später im Büro des Notars über den Tisch schob, war die lange Odysee dann endlich geschafft. Wir waren stolze Besitzer unserer Traumfinca in Andalusien.

Da die Verkäufer noch einige Tage zum ausräumen brauchten, wohnten wir weiter im Hostal und verbrachten unsere Zeit mit Reiten und Fahrten zum Strand.

Am Strand in Sanlucar de Barameda

Dann am Samstag passierte das Unfassbare. Wir kamen in den Stall wo die Pferde eingestellt waren und ich sah meinen Quarter Horse Wallach, der im Leben noch nie einen Tierarzt gesehen hatte, apathisch auf der Koppel stehen. Er wollte nichts fressen und auch kein Wasser zu sich nehmen. Der Tierarzt war schnell vor Ort und stellte eine leichte Kolik fest. Nach Vergabe von Medikamenten und einem Blutbild meinte er, dass morgen alles wieder normal sein müsste. Aber das war es nicht. Es bot sich das gleiche Bild als wir morgens wieder in den Stall kamen. Wir hatten noch eine Spritze vom Tierarzt, die er uns für den Notfall dagelassen hatte. Doch auch diese brachte keine Besserung. Also kam der Tierarzt erneut und konnte nur noch erschrocken feststellen, dass sich die Blutwerte extrem verschlechtert hatten.

Also blieb uns nichts anderes übrig als mit dem Pferd sofort in die Klinik zu fahren. Die knapp 100 Kilometer lange Fahrt nach Conil de la Frontera, wo die nächstgelegene Pferdeklinik ist, wollte nicht enden. Wir wurden direkt von den Tierärzten erwartet. Die Diagnose war niederschmetternd. Der Dünndarm war verstopft und auf die vierfache Größe des normalen angeschwollen. So ein Phänomen ist, lt. Veterinär, nicht operabel. Wir bekamen von ihm die furchtbare Auskunft, dass er dem Pferd nur 1% Überlebenschance gab. Was macht man nun in solch einer Situation? Natürlich sagt man „JA" er solle trotzdem alles versuchen.

Nach einigen Stunden fuhren wir schweren Herzens ins Hostal zurück, da wir in der Klinik rein gar nichts unternehmen konnten als fassungslos da zu stehen und uns zu wünschen, aus diesem Albtraum aufzuwachen. Schließlich mussten wir uns noch um die anderen Tiere kümmern, die Hunde saßen im Auto und wussten auch überhaupt nicht was da grade vor sich ging. Wir bangten die ganze Nacht, den nächsten Tag bis zum Abend. Aber er schaffte es leider nicht.

Was ein trauriger Anfang in unserem Paradies.

Wir funktionierten jetzt nur noch wie Marionetten. Immer wieder kam der Gedanke „es kann doch nicht wahr sein, es darf nicht wahr sein". So lange gekämpft, damit sich der Traum verwirklicht und dann das. Warum? Aber auf dieses Warum werden wir wohl nie eine Antwort bekommen.

Die Freude an allem war getrübt, nein, was schreibe ich da, sie war nicht nur getrübt sondern komplett weg.

Zwei Tage nach dem tragischen Ereignis bekamen wir den Schlüssel von unserer Finca. Der Einzug war dermaßen emotionslos und gedämpft, das hatten wir uns ganz anders vorgestellt. Keine fliegenden Sektkorken, Einweihungsparty und gute Laune – nein, wir waren halt einfach da und machten irgendetwas. Das Leben geht schließlich immer weiter, auch wenn man das erst mal nicht glauben kann.

Wir versuchten unseren Schmerz mit Arbeit zu verdrängen. Der Container mit unseren ganzen Sachen kam an und alles musste eingeräumt und verstaut werden. Dann verfügte die Finca über keinen Stall, Paddocks oder sonstige Unterbringung für die Pferde. Also musste ich erst einmal ein mobiles Paddock abstecken und dann mit der Bauphase beginnen. Die Pläne für die Paddocks und die Unterstände hatte ich alle schon fertig, ich musste nur noch auf die Ankunft eines Freundes aus Deutschland warten und wir legten los. Platz genug hatten wir auch um uns auszutoben, bei einem Grundstück mit einer Größe von knapp 3 Hektar.

Nebenher mussten noch die Oliven geerntet werden, da der Vorbesitzer sich doch nicht, wie er eigentlich angekündigt hatte, darum gekümmert hatte. Aber dank dieser Nichteinhaltung bekamen wir nebenbei noch genug Olivenöl, in einer unvergleichlich guten Qualität, für das komplette kommende Jahr.

In nur 10 Tagen bauten mein Freund und ich zwei große Offenställe und zäunten ein 2.000m² Paddock ein. Wir arbeiteten jeden Tag 12 Stunden bis zur totalen Erschöpfung. Nach dem Abendessen schliefen wir direkt auf dem Sofa ein. Für die Einzäunung der Paddocks nutzten wir Bahnschwellen, mit einem Gewicht von 70 Kilo pro Schweller. Allein die 70 Löcher für die Schweller in den Boden zu bohren war Schwerstarbeit. Aber wir schafften alles, so wie ich es mir vorgestellt hatte und kaum war der letzte Nagel eingeschlagen und die Pferde in ihr neues Zuhause eingezogen, fing es an zu regnen. Das war ein wirklich perfektes Timing.

Mein Freund musste, sehr zu seinem Leidwesen, zurück ins kalte Deutschland fliegen und meine Lebensgefährtin und ich versuchten nun eine Art Alltag zu entwickeln. An sozialen Kontakten fehlte es uns nicht, wir waren ja nicht fremd hier und hatten schon einige Freunde in der Nähe. Auch den Betreiber der von uns nur 900m entfernten Bar kannten wir bereits von früher. Diese Bar ist Dreh- und Angelpunkt für alle Anwohner unseres „Barrios" also der Ansammlung von Häusern und Fincas in diesem Außenbereich, 7km von Arcos de la Frontera entfernt. Unser Bekanntenkreis explodierte geradezu. Unsere mittel- und unmittelbaren Nachbarn lernten wir alle als sehr nette und aufgeschlossene Menschen kennen. Jeder hilft jedem, Neid oder Missgunst existiert hier nicht. Hier ist jeder gleich, egal ob er arm oder reich ist. Die Anwohner sind bunt gemischt, es ist von allem etwas dabei, auch Engländer, Belgier und sogar eine Australierin. Darunter auch ganz viele Pferdebesitzer, was für uns natürlich ideal ist. So ist es hier selbstverständlich während dem Ausritt an der Bar anzuhalten und einen Sherry, ein Bierchen oder einen Kaffee zu trinken. Man bekommt auf dem Pferd serviert, oder kann die Tiere an den extra dafür vorgesehenen Anbindestangen fest machen. Als Reiter ist man also wahrhaftig im Paradies gelandet.

Dann stand Weihnachten schon vor der Türe. Wir wurden vom Betreiber der Bar gefragt, ob wir Weihnachten nicht mit ihm und seiner Familie feiern wollten. Das sei doch viel angenehmer als allein auf der Finca zu sitzen. Wir waren baff. Wer lädt schon zwei Ausländer, die er eigentlich nur flüchtig kennt, an Weihnachten zu sich ein? Allein dies zeigt doch die Liebenswürdigkeit und Offenheit der Menschen hier.

Auch ein kurzer Besuch bei Nachbarn, wenn man z.B. nur etwas abholen oder abgeben möchte, endet meistens bei Tapas und einem Gläschen „vino".

An Sylvester 2014, wir waren wieder bei dem Betreiber der Bar eingeladen, konnten wir uns endlich um zum ersten Mal sagen: „ja, wir haben alles richtig gemacht".

Trotz der widrigen Umstände und des verheerenden Starts, war es doch genau die richtige Entscheidung gewesen auszuwandern. Wir waren endlich ange-kommen. In unserer neuen Heimat, bei unserer Ersatzfamilie und unseren neuen Freunden. Und wir konnten das alles endlich auch genießen, auch wenn ab und an die Traurigkeit noch überschwappte.

Wir realisierten endlich – wir sind am Ziel

Arcos de la Frontera

Kapitel 8

Arbeits- und Wohnungssuche

Das vielleicht wichtigste Thema.

Es ist nicht möglich immer alles im Leben im Voraus abzusichern. Es kommt im Endeffekt sowieso, wie es kommen muss.

Wenn Sie auch den Traum hegen nach Spanien, oder in ein anderes Land, auszuwandern sollte Ihnen bewusst sein, dass Sie sich auf ein großes Abenteuer einlassen. Aber ich kann Ihnen nur raten, tun Sie es! Denn wie sagt man: Träume nicht dein Leben – lebe deinen Traum!

Wie bereits im Laufe des Buches geschrieben, sollten allerdings einige Rahmenbedingungen eingehalten werden. So zum Beispiel die Wohnsituation. In Miete wohnen zu müssen ist immer schlecht, vor allem wenn die Arbeitslage vielleicht (noch) nicht sicher ist. So ist es wirklich ratsam ein Eigentum zu erwerben. Überprüfen Sie gut das Umfeld ihres Wohnorts. In jedem Land und in jeder Stadt gibt es gute und weniger gute Gegenden. Das weiß man als Ausländer allerdings meist nicht und sieht es auch nicht auf den ersten Blick.

Ebenso ist zu bedenken, dass im warmen Süden das Leben mehr draußen als drinnen stattfindet. Wohnt man also in einer Stadt oder in einem Dorf z.B. in einer engen Gasse, muss man damit rechnen, dass sich die Nachbarn bis spät in die Nacht auf der Straße aufhalten und nicht gerade leise sind. Oder sie ziehen über ein gerade leer stehendes Lokal. Dann macht dort plötzlich ein Restaurant auf und sie haben mit Lärm bis spät in die Nacht und eventuellen Küchengerüchen zu rechnen.

Will man mit Tieren auswandern ist wohl eine Immobilie etwas außerhalb die beste Wahl. Da Pferdehaltung überall gestattet ist, kann man sich so sehr leicht den Traum, die Pferde am Haus zu halten, erfüllen. Ihrer Fantasie sind keine Grenzen gesetzt. Gerade die Immobilien außerhalb sind meist günstiger als in der Stadt und so kann man ein großes Grundstück erwerben um den Pferden (und sich selbst) ein tolles Leben zu bieten. Hat man viel Land kann man sogar sein eigenes Pferdefutter anbauen.

Achten Sie auch hier bereits bei den Besichtigungen auf die Infrastruktur im Umfeld der Immobilie. Sind in relativer Nähe Geschäfte, Ärzte, Post und Banken? Wie weit muss ich fahren um einkaufen zu können oder eine Bar zu besuchen? Es liegt natürlich im Ermessen jedes Einzelnen, wie weit er bereit zu fahren ist, uns war es eben wichtig diese Dinge in der Nähe zu haben. Wir fahren zum Supermarkt 6 km und haben Glück, dass wir in 900m Entfernung schon eine Bar haben.

Auch sollten Sie die Zufahrtsstraßen zu Ihrer zukünftigen Wohnstätte gut inspizieren. Liegt die Immobilie im Campo, also auf dem Land, kann es passieren, dass die Straßen bei Regen überfluten oder gar weg gespült werden. Das alles sollte man bedenken, vor allem wenn man täglich zur Arbeit fahren muss.

Also immer Augen auf und versuchen einen guten, verlässlichen Makler zu finden, mit dem man sich in Ruhe alles anschauen kann.

Der Idealfall ist natürlich auch, wenn man bereits im Vorfeld eine Arbeitsstelle im Land der Träume gefunden hat. Diese kann man innerhalb der EU auch problemlos und großen Papieraufwand antreten. In Spanien ist man dann automatisch bei der Seguridad Social, der offiziellen Krankenkasse, versichert. Dazu gibt es, ähnlich wie in Deutschland, eine Menge privater Zusatzversicherung für Zahnbehandlungen etc.

Sollte ihre Arbeitsstelle in Deutschland zu dem Termin Ihrer Auswanderung enden, und sie reisen sozusagen arbeitslos in Ihr neues Domizil, haben Sie die Möglichkeit Ihren Anspruch auf Arbeitslosengeld aus Deutschland bis zu sechs Monate in ein EU Land mitzunehmen. Dies muss man bei seiner zuständigen Agentur für Arbeit beantragen. Das erleichtert den Start um einiges.

Man muss bedenken, dass die Sozialleistungen in keinem anderen Land so umfangreicht sind wie in Deutschland. In Spanien sind der Zeitraum und die Höhe des Arbeitslosengeldes ebenfalls ganz anders geregelt. Weiter gibt es noch die „Renta Minima" vergleichbar mit Arbeitslosgengeld II. Allerdings sind auch hier die Bezugsvoraussetzungen völlig anders als in Deutschland und deutlich komplizierter und die Zahlung geringer. Kommt man ohne Arbeit und ohne Recht auf Arbeitslosengeld nach Spanien, muss man vor Ort mindestens ein Jahr als arbeitsuchend gemeldet sein um diese Renta minima beziehen zu können.

Die Arbeitssuche an sich kann sich, je nachdem in welcher Region man sich befindet, als sehr kompliziert erweisen. An der Küste und vor allem in der Region des Mittelmeers ist die Arbeitssuche, auf Grund des Tourismus, etwas einfacher als im Landesinneren. Was einem auch unbedingt klar sein muss, ist die geringere Bezahlung. Die Löhne betragen hier zwischen 900€ und 1.300€ netto für eine Vollzeitstelle. Das mag als sehr wenig erscheinen und man denkt, man muss schon viel Liebe und Enthusiasmus mitbringen, um für das Geld arbeiten zu gehen. Aber die Lebenserhaltungskosten sind ja auch viel geringer und außerdem hat man in der Regel viel weniger Stress und Druck bei der Arbeit.

Wir hatten uns die Arbeitsuche auch etwas leichter vorgestellt. Denn trotz einflussreicher Beziehungen und guten Sprachkenntnissen in vier Sprachen dauerte es länger als gedacht, bis letztendlich die geeignete Arbeitsstelle gefunden war.

Dazu haben wir die Erfahrung machen müssen, dass trotz geringerer Kenntnisse oftmals lieber Einheimische eingestellt werden.

Aber alles hat seinen Sinn und im Endeffekt war es bei uns gut so, wie es war. Wir hatten Zeit unser Leben neu zu gestalten, konnten die Finca herrichten wie wir es wollten und konnten so auch den ganzen übrig gebliebenen Stress aus Deutschland vollends ablegen.

Im Endeffekt ist es doch so, dass der, der arbeiten will, auch Arbeit bekommt. Mit ein bisschen Flexibilität und Einfallsreichtum schafft man alles. Und ist es nicht so, dass jemand der auswandert, diese beiden Eigenschaften mitbringt? Sonst würde er den Schritt wahrscheinlich gar nicht wagen und würde immer nur weiter träumen.

Ich hätte zum Beispiel niemals gedacht, dass ich einmal Renovierungsarbeiten machen würde. In Deutschland war ich selbstständiger Autoverkäufer. Das wollte ich hier in Andalusien eigentlich auch weiter machen. Doch der Gebrauchtwagenmarkt existiert hier praktisch nicht. Als ich die Unterstände für die Pferde und andere Dinge auf unserer Finca gebaut hatte, wurde ich von Nachbarn gefragt, ob ich ein paar Renovierungsmaßnahmen an ihrem Haus und der Finca übernehmen könnte.

Ich nahm den Auftrag an, und da die Spanier begeistert von der deutschen Genauigkeit waren, bekam ich direkt mehr Aufträge, auch von anderen Nachbarn. Mundpropaganda ist einfach die beste Werbung. Da ich handwerklich sehr versiert bin, fällt mir die Arbeit leicht und macht sogar großen Spass.

Meine Partnerin fand mit ihren Kenntnissen in vier Sprachen eine Anstellung in einer Sprachschule.

So leben wir den andalusischen Traum, gemeinsam mit unseren Pferden und Hunden. Im Sommer kam ein weiterer Familienzuwachs. Ein kleines Kätzchen fand den Weg zu uns, als einziger Überlebender von fünf Geschwistern.

Endlich sind wir am Ziel angekommen. Der Weg dahin war mitunter steinig, aber im Endeffekt bin ich, mehr oder weniger einfach, über die Steine hinweg gekrabbelt.

Wir sind jetzt schon ein ganzes Jahr hier, haben unser zweites Weihnachtsfest und Sylvester hinter uns.

Ich würde alles jederzeit wieder so machen und freue mich auf die nächsten Jahre im sonnigen Andalusien.

Labrador und Kätzchen verstehen sich gut

Ratonero (andalusische Hunderasse) in der Siesta

praktische TIPPS zum Auswandern nach Spanien

1. Versuchen Sie in bezahltem Eigentum zu wohnen
2. Überprüfen Sie gut Ihre zukünftige Wohngegend
3. Lernen Sie die Sprache bereits im Vorfeld
4. Arbeiten Sie einen Finanzplan aus
5. Schaffen Sie Reserven für Unvorhergesehenes
6. Vermeiden Sie waghalsige Selbstständigkeiten
7. Suchen Sie nach vernünftiger Arbeit
8. Sprechen Sie mit Ihrer Krankenkasse und ggf. mit Ihrem Arbeitsamt über Ihr Vorhaben
9. Informieren Sie sich über mögliche risikoreiche Krankheiten für Ihre Tiere wie z.B. die Leishmaniose, und wie Sie sich davor schützen können
10. Überlegen Sie sich gut im Vorfeld ob Sie auf Dauer mit den Angewohnheiten und Bräuchen Ihrer zukünftigen Landsleuten zurecht kommen

Sollten Sie weitere Fragen zum Thema haben, können Sie mich gerne per Mail anschreiben auswandern_andalucia@yahoo.de

Salud! Prost!

Ich freue mich, dass Sie mein Buch gelesen haben und hoffe es hat Ihnen gefallen.

FSC
www.fsc.org
MIX
Papier | Fördert
gute Waldnutzung
FSC® C083411

Zeitfracht Medien GmbH
Ferdinand-Jühlke-Straße 7
99095 Erfurt, Deutschland
produktsicherheit@kolibri360.de